U0021944

馬小跳財商課 3

生活裡的經濟學

楊紅櫻 著

馬小跳一家人

馬小跳
一個有情有義、有擔當的小小男子漢，想像力十足，最可貴的是，他有著一雙善於發現問題根源的眼睛，以及一顆求知慾旺盛的好奇心。

馬天笑
馬小跳的爸爸，知名的玩具設計師，從未忘記自己是怎麼長大的……。因此當馬小跳遇到煩惱時，他總能為兒子排憂解難。

丁蕊
馬小跳的媽媽，富有時尚精神的櫥窗設計師，擅長傾聽孩子的心聲，是一個即使活到 80 歲也會像個小女孩一樣天真的美麗女人。

毛超

馬小跳的好朋友，雖然十句話裡有九句都是廢話，但因為親和力超強，所以是馬小跳身邊的「首席外交官」。

張達

馬小跳的好朋友，表達能力略遜，但因為有著一雙飛毛腿，行動力超強，所以成為馬小跳身邊的「首席執行官」。

唐飛

馬小跳的好朋友，見多識廣，遇事沉著冷靜，是馬小跳身邊的智多星。

路曼曼

馬小跳的同學，因為剛好坐在馬小跳旁邊，所以她最大的嗜好就是管馬小跳，也因此，她和馬小跳幾乎每天都會爆發「戰爭」。

夏林果

馬小跳心中的女神，從小學習跳芭蕾舞，是聞名全校的「芭蕾公主」。

聽到「經濟」這個詞，你可能會瞬間變得頭大，不光是你，很多大人也是如此，誰叫這兩個字看上去那麼「高深莫測」呢。

其實這個詞並不是現在才有的，從貨幣誕生的那一刻起，它就出現了，只是那時候還沒有人去研究它。

同時，千萬不要以為它離你很遠。它呀，一直藏在我們的生活裡，影響著我們每一個人、每一個村莊、每一座城市、每一個國家，甚至整個地球。說不定以後還能影響整個宇宙呢。

雖然你可能不會像經濟學家那樣去研究它，但當你拿著手裡的書或玩具，想到它為什麼可以賣這麼多錢？或者想到為什麼爸爸媽媽每天要出去工作時，你就已經在琢磨它了。

它其實無處不在。比如，為什麼有的產品是免費的，卻還能賺到錢？

為什麼有些公司天天都在虧損，卻仍然在市場上存活？

　　為什麼超市會在收銀台的位置擺放口香糖？

　　為什麼牛奶裝在紙盒或紙袋裡，而飲料一般裝在塑膠瓶裡？

　　為什麼衣服總是會做打折促銷，但鹽巴卻不會？

　　為什麼超市貨架上的價格標籤經常變動？

　　為什麼廠商不聯合起來統一不打折，而是削價競爭得越來越激烈？

　　為什麼我們很難在夾娃娃機裡夾到娃娃，卻總也忍不住繼續夾下去？

　　為什麼爸爸媽媽的醫療保險不能全額報銷？

　　這本書會帶你找到這些問題的答案，也會幫你發現經濟的秘密。當你提出越來越多的「為什麼」，開始思考世界的時候，你就會發現，一個嶄新的世界就在你眼前。

1. 免費的遊戲靠什麼賺錢？

在互聯網時代，有很多免費的東西，比如遊戲、視頻網站、聊天軟體。

它們究竟靠什麼賺錢呢？

你能提出這樣的問題，說明你已經開始思考商業是怎麼回事？這簡直太棒了。大人們會用一個「高級」的專有名詞來形容它，叫作「商業模式」，也就是用一種巧妙的方法和模式去賺錢的意思。思考為什麼我們身邊有的店和公司會倒閉？為什麼有的店和公司會賺錢？倒閉的是犯了什麼錯誤？賺錢的又是用到了什麼方法？……這椿椿件件真的是一件非常有意思的事情。

用「免費」換收益是現在一種常見的賺錢方法。

以遊戲為例，有很多遊戲是收費的，比如下載用戶端需要支付幾元甚至幾百元的費用，或者每次玩遊戲時，需要按照遊戲時長支付費用。但也有一些遊戲選擇免費。這是為什麼呢？

想像一下你是一家遊戲公司的 CEO，也就是公司的首席執行官，或乾脆說就是公司的老大，你每天睡醒一張開眼就要面對大筆的公司支出。

辛苦結算下來，數不清的錢就這樣流出去了。遊戲公司又不是非營利的公益機構，為什麼辛苦製作的遊戲要免費開放給玩家呢？豈不是虧大了？遊戲公司靠什麼賺錢呢？作為公司的 CEO，你能想到什麼好的賺錢方法嗎？

機智問答

支出：支出的意思是付出去，支付，就是我們要花掉的錢。一個家庭有收入和支出，一個公司有收入和支出，一個國家也有收入和支出。收入大於支出是一個家庭、公司乃至國家能夠正常運轉的良好基礎。

公司的支出

員工支出

主策劃：策劃遊戲。20,000 元 / 月。

原畫師：畫遊戲介面、遊戲人物。10,000 元 / 月。

開發工程師：開發遊戲、維護遊戲運營等。25,000 元 / 月。

遊戲運營：運營遊戲、推廣遊戲。12,000 元 / 月。

法務：負責公司各種合同，解決公司法律糾紛。10,000 元 / 月。

客服：解答玩家的問題，處理玩家投訴。4,000 元 / 月。

辦公支出

租賃費：租賃辦公室的費用。50,000 元 / 月。

物業費：辦公大樓的物業給我們提供服務，我們要交物業費。2,000 元 / 月。

水電費等：水費、電費等。1,000 元 / 月。

辦公用品：列印紙、列印墨水匣、筆、夾子、尺子、資料夾等。2,000 元 / 月。

電腦折損：建立公司時採購的電腦越用越久，也會有所損耗。2,000 元 / 月。

宣傳推廣

廣告費：行銷和推廣遊戲的費用。50,000 元 / 月。

出差費用：員工經常要出差談生意。20,000 元 / 月。

福利支出

員工交通補助：30,000 元 / 月。

稅金

納稅：每年的收益要按一定比例向國家納稅。30,000 元 / 月。

在思考這個問題之前，我們先換個角度想一想：免費將遊戲提供給玩家，對遊戲公司來說有什麼好處？

如果同時有兩個新遊戲上線，一個下載遊戲軟體需要 30 元，或每玩 1 小時就需要支付 1 元，另一個則完全免費，你會先試試哪一個呢？

當然是先玩免費的那個。

對，免費的模式可以讓遊戲公司獲得更多玩家。

把玩家吸引過來後，遊戲公司就可以大把地賺錢。玩家越多，賺錢的機會就越多。想一想：遊戲公司有哪些賺錢的方法呢？

賺錢方法 1：透過廣告賺錢

有的遊戲會在遊戲頁面上刊載廣告，這樣就可以從廣告商那裡賺到錢。作為玩家，雖然你很討厭這些廣告，但畢竟遊戲是免費的，收看一點廣告也能接受，所以，你選擇包容。一次，頁面彈出幾個廣告，你看著很有意思，點進去看了一下，甚至下單買了一件商品。那麼你的點擊和購買，便給遊戲公司帶來了收益。

哇，除了展示廣告的收入之外，今天有 10 萬次點擊，每次點擊我可以賺 0.7 元。其中還有下單購買的人，他們讓我賺了更多錢。

這款遊戲和我的目標客戶很匹配，在上面打廣告，效果還不錯。

遊戲公司的人　　　　　廣告商

賺錢方法 2：關掉廣告賺錢

有一天，你受夠了這些無處不在的廣告，實在覺得太煩人。於是，你迫切地想要關掉它們。這時，遊戲公司告訴你，只要成為 VIP，每個月花 2 元，就可以享受這個功能，首次充值還能免費得到遊戲道具獎勵。你這時心裡想著，2 元也不多，還能得到遊戲道具作為獎勵，似乎很划算。於是，你去找爸爸媽媽，跟他們商量並取得到他們的同意後，決定用自己的零用

錢完成支付。

　　另外，和你一樣想要關掉廣告的人也很多，他們也都選擇花這筆錢。這時，你可以算一算，如果有20萬人購買這個 VIP 優惠，每個人每月付 2 元，那麼遊戲公司一個月能賺多少錢？

　　對於這項 VIP 服務，如果單獨購買一個月 VIP 是 2 元，如果選擇連續包月 VIP，則降為每個月 1 元。頁面上甚至還彈出提示窗，上面顯示使用者隨時可以終止 VI 服務。哇，這怎麼看都是一筆划算的交易啊，本來打算只買一個月 VIP 的你，當下馬上選擇了更便宜的連續包月，花 2 元即可享受 2 個月的 VIP 待遇，想想就覺得真划算……。

　　但你沒注意到的是，連續包月是自動扣款。過了 2 個月後，你若忘記了這件事，那麼你的遊戲帳戶裡還是會每個月從銀行卡自動扣除 1 元，並且持續如此。直到年底，你和爸爸媽媽去銀行列印流水清單時才發現。而其實這段時間下來，你早已很長時間不玩這款遊戲了，但卻還是被扣掉了 12 元。最後，你關掉了 VIP 優惠，終於認清了這個小「陷阱」。

賺錢方法 3：利用道具、裝備等虛擬商品賺錢

　　假如你在玩休閒通關類遊戲，一開始玩得很好，但隨著關卡越來越難，你發現借助遊戲道具才可以通關。於是，想通關的你終於沒忍住，央求爸爸媽媽同意，買了幾個遊戲道具。可這似乎是個永無止境的輪迴，因為這款遊戲有三百多道關卡，而且還一直在推出新的關卡。於是，你決定再也不玩這個遊戲，覺得它既浪費時間又浪費錢。

　　而在另一個遊戲裡，你的朋友們都在玩而且好厲害，你心想，若也想像他們這麼厲害，那就得花錢買更好的裝備才行。當然除了這些，你也希望自己的形象在遊戲裡可以更新穎，畢竟誰也不想讓自己千辛萬苦設計出來的形象和別人太類似，可也就意味著，你需要給你新的遊戲角色買新衣、換造型……而這些都需要錢。

　　一不小心，你就花光了零用錢，再來就是繼續後悔。

　　其實每一個公司的運營，每年、每月、每天、每

小時、每鐘每秒都離不開錢。所以，這些遊戲公司讓玩家免費玩遊戲的目的，都是為了在後期賺到更多的錢。正如有些人說，免費的東西往往才是最貴的。

比如，作為社交軟體的 LINE 是免費的，但它需要賺廣告費。如果你想在 LINE 上看片子，需要花錢；如果你想換新貼圖，需要花錢；如果你想打開消息漫遊，需要花錢……總之，各種更好的功能、各種能讓你在網上顯得與眾不同的道具 LINE 都需要花錢。

iQIYI 愛奇藝（iQ.com）、Netflix（網飛）等視頻網站也是免費的，但是它們會想方設法地讓你充 VIP，否則你可以看的視頻便屈指可數。

我是免費的 B 視頻網站，我的使用者有 1,000 萬戶。	我是收費的 A 視頻網站，我的使用者有 600 萬戶。

「免費」這件事往往能給網站帶來更多用戶，用戶增加也能帶來其他好處。比如有 A 和 B 兩家視頻網站。如果你是一位電影導演，A、B 兩家視頻網站都想買下你的電影版權，兩家都給你一樣的版權費用時，

你會更傾向於把電影授權給誰呢？

比較之下當然是 B 視頻網站較佔優勢了。

與 A 視頻網站的使用者量相比，B 視頻網站擁有更多使用者，這就意味著 B 視頻網站有更大的影響力，畢竟我們都希望自己的電影能被更多人看到。而擁有更多的用戶還意味著，市場佔有率更大、影響力更廣。我們熟悉的 iQIYI 愛奇藝（iQ.com）、Netflix（網飛）等視頻都通過這種方式擠壓了其他視頻網站的生存空間，畢竟那些小公司並沒有那麼多錢去買影視版權，並長期供用戶免費使用。

隨著自身影響力的不斷提升，這些免費的視頻網站慢慢開始賺錢。擁有更多的用戶更意味著會有更多人願意投廣告，也會有更多人願意付錢成為 VIP，也就有了去廣告、超前點播、觀看在影院剛上線的電影等特權。

以上就是用「免費」換收益的商業模式。

除了上面這些，在這個時代，還有很多賺錢的方法是基於免費的商業模式。想一想：你身邊是否也有用「免費」來賺錢的方法？他們是怎麼賺到錢的呢？

或者想一想：如果讓你用免費的方法來賺錢，你又會設計什麼樣的商業模式呢？

2. 為什麼有些公司即使虧損，卻依舊要苦撐著？

在這個世界上，有很多公司每年都在賺錢，也有每年都在虧錢，甚至有人一連虧損好多年……。

「虧損」是什麼意思呢？虧損就是支出超過收入。比如在你家，爸爸媽媽一年的收入加起來是 100 萬元，但一整年下來的各項支出加在一起超過 100 萬元，導致家用入不敷出，這就叫虧損，也叫賠錢。在大多數人看來，賠錢絕對不是好的，家裡常年賠錢，一分錢也沒有，那也就過不下去了。公司要是賠錢，那肯定要倒閉。如果你花了幾萬去做生意，最後全虧光了，甚至還得借錢苦撐，那你的爸爸媽媽絕對會要你趕緊放棄算了，因為做越多虧得多。

可是為什麼就是有些公司即使虧損，卻還是要苦

撐著呢？

　　比如，我們經常聽到的國際大廠例如特斯拉
（Tesla, Inc.）、亞馬遜（Amazon）等知名公司都在
虧損，有的甚至在虧損很多年後才扭虧為盈，有的至
今還在虧損。而且更神奇的是，雖然這些公司每年都
在虧錢，但就像吹氣球一樣，它們的市場規模變得越
來越大，市場估值也越來越高。

　　聽到市場規模和市場估值，你肯定又納悶了：你
們大人說話怎麼那麼複雜？天天搞這些讓人聽不懂的
名詞。哈哈，別急。

　　市場規模變大的意思是這家公司變得越來越大，
比如有這樣一家店，它的面積很小，就約是 30 坪大小
的街邊小店，裡面擺了四張桌子，每天也就二十個顧
客去店裡吃飯。後來這家小吃店紅了，每天賺很多錢，
店面也從之前的 30 坪大小擴增到 100 坪，並且新加了
十幾張桌子，每天有二百多個顧客去他家店吃飯。

　　又過了幾年，老闆直接開了好幾十家分店，還經
常在電視臺打廣告，可能你的親戚朋友也都去過那家
店吃飯。隨著店家不斷發展，顧客群越來越多，收入

也越來越多，在全台各地的餐飲行業裡，地位也越來越高，而這就叫市場規模變大。

當這家店還只是一個佔地不過 30 坪的街邊小吃攤時，可能都沒人想買，所有人都認為它不值錢；等到它小有名氣，變成了已有 100 多坪大小的餐廳時，或許有人願意花幾十萬買下它；等到它收益越來越好，準備開分店時，或許已經有人願意花幾百萬買下它的股權了；而當它發展到你身邊的親戚朋友就算沒去過，也多半都知道它的店名，知道它很出名，也願意去店裡消費時，可能就有人願意花上千萬買下它了；如果有一天它發展成了全國知名的連鎖企業，人人都知道它的店名時，除去店面，可能單憑這個店名，就有人認為值上億元。

而人們認為這店值多少錢，這就是這家店的市場估值。

天哪，普通人賠個幾萬元就要哭死了，這些公司動不動就虧損上億元，那麼它們究竟是怎麼活下來的呢？為什麼公司規模會變得越來越大？為什麼公司越來越值錢呢？

原因就是因為有人看好它們，願意為了它們的未來買單，等待它能夠在不久的將來賺到錢。而這些人叫「投資人」，就是願意投錢的人。

投資人的小帳本

投資共用單車	虧損 500 萬
投資視頻網站	虧損 100 萬
投資新能源汽車	淨賺 100 萬
投資製片公司	淨賺 1,000 萬

投資人的加入會給公司帶來更多資金，如果很多投資人都看好公司未來的發展，那麼這家公司的估值也就越來越高。比如，一個牧場養了 10 頭小牛，每頭 6 萬元，前期買牛隻一共花了 60 萬元。

投資人 A 覺得這些小牛不錯，等它們長大了每頭肯定能賣到 10 萬元，於是就以 7 萬元一頭牛的價格認領了 2 頭，也就是一共投資了 14 萬元。這時，10 頭牛的預估價值就

哇，我投資賺到錢了！

是 6 萬元 ×10 頭牛 =60 萬元。以後，如果投資人 A 把自己買下的這 2 頭牛按自己預估的價格賣掉，那麼每頭牛就能賺 7 萬－ 6 萬 =1 萬元，2 頭牛一共賺 2 萬元。

投資人 A 心滿意足。

而牧場有了投資人 A 所投資的 14 萬元，於是又花 6 萬元再買了 1 頭小牛，並用 1 萬元升級了牛舍規模。這時剩下的牛還沒有全部賣掉，所以牧場仍然虧損。但當牧場花掉投資人的 14 萬元買了一頭牛後，還剩下 8 萬元，並將這筆錢用於支付工人工資、買飼料，這樣公司便可以繼續經營。

過了一個月，投資人 B 發現牧場很有前景，也想投資這家公司。他認為這些小牛很有潛質，以後長大了每頭牛一定能賣到 20 萬元。於是，他以 10 萬元一頭牛的價格認領了 2 頭牛，也就是一共投資了 20 萬元。以後，如果投資人 B 把這 2 頭牛賣了，那麼每頭牛就能賺 10 萬－ 6 萬 =4 萬元，2 頭牛一共賺 8 萬元。如果投資人 A 堅持到現在才賣牛，那他每頭牛能賺 10 萬－ 7 萬 =3 萬元，2 頭牛一共賺 6 萬元。

有了投資人 B 投資的 20 萬元，牧場加速企業發展，不僅繼續飼養牛隻，還開始拓展下遊行業，例如生產和銷售牛奶。

三個月過去了。

投資人 C 發現這間牧場實在太厲害了，營收方式也很好，如果再投資他們一些資金，或許還能向上拓展到種牛培育和小牛的銷售，向下延伸到製作乳製品的生意。於是，投資人 C 也決定投資牧場。因為他們看到的市場更寬廣，投資人 C 乾脆直接投資上 100 萬！

這樣，隨著投資人越來越多，投資的錢越來越多，牧場的規模也變得越來越大。雖然還是處於虧損狀態，但大家都相信它以後會賺錢。而為了滿足投資人的設想，牧場也開始積極拓展業務，甚至收購好幾家和養牛、製做乳製品相關的公司。在業界，它已成為響噹噹的企業了，雖然還是虧錢……。

看到這裡，你可能會歡呼：「哇，有投資人真好！」

但我也不得不告訴你一個現實：很多投資都有條件，畢竟這不是做慈善，而是做生意。所以，有的投資人會需要公司在某段時間內達成某些任務，或者達

到某種規模；有的會需要公司在一定時間內上市，這樣投資人可以通過上市，在資本市場裡賺到股市的錢。

有些更投機的投資人甚至還會選擇對賭協議。

什麼是對賭協議呢？投資人在投資的時候提出某個條件，比如一年內達到某種規模，如果達成條件那就皆大歡喜，投資人高興，拿到投資的公司也高興；如果公司沒有達到預期目標，那投資人可能會撤資，或以很低的價格取得這家公司的一部分股權。由此可見，投資是把雙刃劍，有利也有弊。

另外，有投資人進駐也不見得就會有美好的結局。有些投資可能是自己看走眼，或因為市場競爭過於激烈，導致投資失敗，最後公司倒閉，投資人也虧得一塌糊塗。這樣的案例也很多。比如，之前的共用單車就有不少人虧錢。

不管怎樣，這種雖然虧損但卻一直在經營，甚至成功進入世界 500 強的案例確實很多，尤其是互聯網行業。

如果你真的感興趣，可以試著研究你目前熟知的公司，瞭解它們是贏利還是虧損？如果是贏利，還需

要瞭解它們是怎麼賺錢，是如何快速發展的，公司的經營模式好不好？對我們的生活有幫助嗎？對這個世界有益嗎？

3. 超市為何要在收銀台旁邊擺口香糖？

　　無論是去超市還是便利商店，無論是在國內還是國外，我們很容易發現，在收銀台附近總會擺放口香糖、巧克力和糖果……，為什麼這些超市都不約而同地這麼做呢？

　　因為很多人去超市購物前都會寫好購物清單，而這上面會有蔬菜、水果、牛奶、調味醬料、衛生紙等必備品，但小小的口香糖不太會出現在購物清單上。而且，口香糖又是個頭嬌小的小東西，把它們放在高大的貨架上，我們即便在超市裡四處閒逛，也不太容易看得到它們。

　　你如果是口香糖的製造廠，會有什麼好辦法來提高口香糖的銷量？

在電視上、網上瘋狂打廣告？

將口香糖和保持口氣清新聯繫起來，增加口香糖的食用功能？

做商場促銷活動？

和一些連鎖酒店、連鎖餐廳談批量採購？

上面的幾種方法真要實現起來，都需要投入一定的精力。直到有一天，某位和你一樣愛動腦筋的廠商終於想到了一個絕佳的主意：把口香糖放在收銀台旁。

我家的超商購物計畫清單

食物	蔬菜：馬鈴薯、番茄、青菜、香菇 肉類：雞肉、牛肉 蛋類：雞蛋、鴨蛋	
生活用品	廚衛用品：洗潔精、醬油、衛生紙 洗漱用品：洗髮精、肥皂、牙膏	

媽媽總是列好購物清單，這樣購物不浪費時間，也不容易多花沒必要的錢。

放在收銀台旁有什麼好處呢？

其實對口香糖製造廠商和超市都有好處呢。

口香糖因為體積很小，收銀台旁雖然地方很小，卻能擺下很多不同口味的口香糖。人們站在收銀台旁邊等待結帳的過程中，因為無聊，所以肯定會東張西望。這個時候，沒有了琳琅滿目的大貨架，他們會很容易注意到這些口香糖。緊接著，就會有人隨手拿上一、兩個……。於是，只是在擺放上動了一點兒小腦

筋，口香糖的銷量就有了大幅度的上漲。對超市來說，到收銀台的人本來已算是購物完畢了，但這時又因為這個關係多拿了一些口香糖，順便又多了一筆收入，何樂而不為？

看到這裡，有人會想，一塊口香糖又賺不了幾個錢，若真要這麼做，幹嘛不在收銀台擺點兒較昂貴的東西，例如奶粉、食用油之類的這樣超市不就賺更多了？

想法倒是不錯。不過呀，你回憶一下收銀台這個地方，那裡能展示商品的地方非常有限，體積太大的貨品都不適合擺放。如果是奶粉、食用油之類的生活必需品，很多人早就已將它們列在購物清單上了，根本不會直到收銀台等結帳時才想起要添購。另外，如果是昂貴的東西，人們買下之前心裡會糾結，根本不可能當下馬上決定是否購買。

10 元的口香糖和 200 元的奢華巧克力，你更容易選哪個呢？當然是 10 元口香糖了。因為它價格便宜且方便攜帶，不會讓自己的購物袋增加太多重量。其實，生活中確實有一些東西可以讓我們在等待結帳的時間

裡毫不猶豫地選擇為它付款。

　　至於將孩子們喜歡的巧克力和糖果擺在收銀台旁，也是摸準了人們的消費心理。

　　爸爸媽媽總是不希望孩子們吃太多糖果、巧克力，既容易長胖還會有蛀牙的危機，所以在面對糖果和巧克力的誘惑時，孩子們總是容易流口水，而爸爸媽媽們也會跟著頭大。所以，每當全家出動去超市採購時，爸爸媽媽會儘量避開零食區。另外，也有的爸爸媽媽若帶著孩子來超市，總會把採購時間限制得非常緊，就是一心希望快速買齊生活必需品後趕緊結帳離開。

　　這樣一來，超市的經營著勢必得要面臨一個難題：要怎麼做才能讓家長為孩子多買單呢？

　　腦筋轉得飛快的他們想到一個絕佳的主意：那就是把一些模樣精巧、看起來就很美味的糖果和巧克力擺放在收銀台旁，而這些零食裡往往還會附帶一個小玩具。

　　就算家長想盡辦法不帶孩子逛零食區，等他們一起來到收銀台準備結帳時，孩子第一眼就可以看到這

些色彩繽紛的零食，而零食裡竟然還附贈玩具，簡直太棒了！於是，雖然不少孩子知道吃糖不好，但還是會被自己的欲望狠狠打敗。他們會苦苦哀求爸爸媽媽：「我要吃！我要吃！」

面對周遭不斷聚集在自己身上的目光，這時候，很多家長只能無奈地說：「好吧，只能買一個。你選吧。」

你看，小小的商品擺放竟有這麼多訣竅門道，商家成功賣出顧客採購清單之外的東西，達到提高營業額的目的。

電梯旁邊有零食，你在搭電梯時會不會隨手拿一個呢？

看到這些促銷爆炸標籤，你是否會只看一眼就產生衝動購買呢？

哇，收銀台可以滿 50 元換購，只要再加 3 元就能買到一瓶洗手乳。

只花 40 元的你會不會想要隨手拿幾個口香糖，待湊夠 50 元後，便可再花 3 元買到一瓶洗手乳？

　　要知道，想做好一件事的方法就是動腦筋、多方思考，即便是看上去普通的貨架陳列也是如此。除了收銀台、貨架陳列，還有其他有意思的地方：

　　這樣的例子還有很多。比如，你如果總是去同一家超市採買，你就會發現這個超市的貨架陳列並非一成不變。始終保持著同一種陳列，這列擺放零食，那列置放調味醬料，每次進超市很明確地知道自己想要的東西在哪裡，買起來效率更高……，但這樣不好嗎？來回調整貨架，折騰來折騰去的幹什麼呢？

　　現在讓我們換位思考，如果你是超市經理，你希望客人每次只買自己想要的東西，還是希望他們每次都能多帶走一些列在購物清單之外的東西？

　　當然是後者了。所以，超市業者會按照一定的節奏，結合不同的主題活動來調整貨架。這樣一來是為了能給消費者帶來新鮮感，二則是消費者對這裡不熟

悉，就得來回找一找，這樣一來，留在店內逛一逛的時間便會延長，而隨著時間的延長，他們就更容易看到在購物清單以外的物品，就有可能額外購買一些物品。於是，超市的營業額就會增加。

又比如有時會在酒精飲料區裡看到一袋袋的滷味。來買酒的人看到，覺得這樣搭配也不錯，往往就會隨手拿幾袋滷味當下酒菜。又或是冷凍櫃裡的優酪乳經常是生產日期較早的擺外面，生產日期晚的擺裡面。這是因為我們習慣隨手拿外面的商品，這樣便可更快速地消耗掉將過期的食品。

再比如，在大型超市裡的冷凍櫃，往往距離收銀台不會太遠。因為如果冷凍櫃在入口的位置，人們拿了冷凍櫃裡的霜淇淋、冷凍食品後，會因為擔心商品太快融化，於是就會縮短自己的購物時間。所以，貼心的大型超市會把冷凍櫃放在離收銀台近一點的地方，讓顧客有更多的採購，也可藉此提高顧客在閒逛時購買更多商品的機率。

觀察一下自己家旁邊經營較好的超市，看看它們的商品擺放都有哪些門道？再把這些超市和那些經營

不善的超市做比較，想想：這些經營好的超市除了貨架陳列外，還有哪些比較成功的地方？

　　經營不善的超市又是哪裡做得不好，從而導致經營狀況不良呢？

4. 碳酸飲料的包裝，為何與牛奶不同？

　　碳酸飲料和牛奶都是我們日常生活中常見的飲品，你有沒有想過，為什麼碳酸飲料多半裝在圓瓶裡，而牛奶卻裝在方盒或方型袋子裡？

　　這個問題……呃……好像……很多人都沒有想過。

　　或許有人會說是考量陳列成本。牛奶要冷藏，需要放在冰櫃裡。但冰櫃比普通貨架貴，所以要考慮在同樣面積下，如何陳列可把長方形的貨架完全利用起來。

　　這種說法好像有點兒道理，但又讓人腦袋裡蹦出新的問號：

　　冷凍櫃裡也有碳酸飲料，又為何用的是圓瓶？

牛奶也有常溫的保久乳，為何還是用方盒？

這還得從牛奶和碳酸飲料的特性說起。

牛奶和碳酸飲料是不同類型的產品，它們對於包裝有不同的要求。這就像人們的身材不同，需要的衣服也不同，高個子的人需要大尺寸的衣服，小個子的人需要小號一點的衣服，身形微胖的人穿不下版型偏瘦的款式，過瘦的人則撐不起款式過於寬鬆的衣服。

純牛奶裡富含營養，又沒有防腐劑和添加劑，所以，人們都非常喜歡喝。最早人們裝牛奶用的容器很「奔放」，隨便拎著一個水桶或拿個小盆子、茶壺之類的容器跑到村裡養牛的人家那邊購買就可以回去了。牛奶呀，也別指望能賣到更遠的地方。

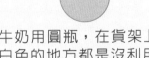

牛奶用方盒子或方袋子，能完全利用所有貨架空間，一點兒都不浪費。

牛奶用圓瓶，在貨架上，白色的地方都是沒利用上的空間，太浪費了。

後來，有人開始把牛奶裝到玻璃瓶裡進行販售。

過去曾有很多鮮奶訂送的服務，你訂好鮮奶，每天就
會有人開著車把瓶裝牛奶送到家門口。待你喝完牛奶
後，運送人員會把牛奶瓶子收回去再利用……。這種
方式持續了很長時間。但是，採用這種方式，牛奶依
舊不能長途運輸，因為玻璃瓶透光，太陽直射很容易
讓牛奶變質。加上那時也沒有冷鏈 1 設備，現在我們

散裝牛奶

我待在茶缸和木桶
裡，我只能待在村子
裡，過一天我就變質
了！好氣人！

瓶裝牛奶

我待在玻璃瓶裡，我
經常坐車，跑到城市
裡去。可我還是很快
就會變質，好氣人！

現代盒裝牛奶

我的保存期限很長，一
般是 6 個月，我可以坐
貨車、搭輪船、飛機，
我能前往世界各地！

能吃到來自各地的食物，都是因為我們有非常便捷的道路交通和完備的冷鏈運輸系統。

使用玻璃瓶之後，人們又開始琢磨，怎麼才能延長牛奶的保存期限，讓牛奶可以存放更長時間，運送到更遙遠的地方呢？

有人發明瞭一種新的包裝技術—鋁箔包。你如果仔細看市場上牛奶的包裝盒，便會經常看到它。

鋁箔包是一種包裝技術，如果剪開自己家的牛奶盒，你會發現它就像洋蔥一樣有很多層，每一層的作用都不一樣。最外面那層摸起來滑滑的，就像覆蓋上了一層膜，它其實叫做聚乙烯，既有防水防潮的作用，也能讓包裝結實緊密，不易滲漏。

第二層是紙層，也叫印刷層，賦予了包裝盒良好的形狀和強度，使其不會像一般的塑膠袋一樣軟趴趴的。同時，廠家們也會在這一層印上自家品牌的名稱、廣告語、生產日期等資訊。

第三層是聚乙烯，主要作用是黏合紙層和鋁箔。

第四層是鋁箔，它能進一步阻擋陽光和空氣。沒有光照和空氣，殺菌後的牛奶就不容易變質了。

第五層又是聚乙烯，主要作用是防止印刷層的油墨分子向內遷徙，同時防止產品內風味物質向外滲透，尤其在生產高酸性食品時，這層能有效地防止酸性物質的腐蝕。

　　第六層還是聚乙烯，主要作用是防止液體滲透。

　　鋁箔包一共有六層，它們互相配合，讓殺菌後的牛奶在保存和運輸過程中保持成分穩定，不被污染，不變質。

　　這種包裝技術的主要成分是紙。對於紙，你覺得做成什麼形狀最舒服、最方便、最穩定呢？

　　做成圓形？

　　你不妨摸摸家中的牛奶盒子，雖然這種紙也還可以，但並不堅硬，還有點兒軟軟的，如果做成圓形，很容易在運輸過程中擠壓變形，等到陳列在貨架後，各個都成了「病懨懨」的模樣，實在不討人喜歡。你可以拿一個空的牛奶盒折一折，看看是不是折成方形後會更便捷也更穩定。這就是牛奶大多裝在方盒或方形袋子裡的原因。

　　那碳酸飲料呢？為什麼大多數碳酸飲料瓶都是圓

形的?

　　飲料瓶一般用的是塑膠瓶,就像鋁箔紙的材料決定了它的形狀一樣,塑膠瓶也是如此。塑膠瓶採用的是吹塑技術,聽起來有點陌生但不要擔心,你可以上網搜尋看看,便可知道塑膠瓶是怎麼「吹」出來的。這種把瓶子做成圓形的成本比方形還要低。遑論,做成圓形還有其他好處。

　　比如,碳酸飲料裡往往會有很多二氧化碳,這種氣體能讓飲料風味突出,口感強烈。但它們生性比較活潑、容易「激動」,如果在運輸過程中,路途太過顛簸,瓶中的壓力就會變大。屆時只要一打開蓋子,碳酸飲料就很容易噴出來。而圓形瓶子有個好處,就

是它比方形瓶子更抗壓，但不是「心理」抗壓，而是「身材」抗壓。

另外，圓形瓶子還有一個好處，那就是拿著方便。人們喝牛奶主要在家裡，喝碳酸飲料主要在外面，手握圓形瓶子喝東西當然更方便了。

也正是基於上面這些原因，才有了現在碳酸飲料多裝在圓形瓶子裡、牛奶多裝在方盒子或方形袋子裡的結果。

除了牛奶和碳酸飲料，還有很多商品的包裝也受到商品本身特質、生產或包裝技術的影響，比如巧克力。而為什麼坊間很多巧克力都用鋁箔包裝呢？就是那些銀色或金色、亮閃閃的包裝紙。

這跟巧克力的特性有關。

巧克力是用可哥脂和乳製品、砂糖等材料製成的。可哥脂這種植物油與其他植物油相比，風味更獨特，但也更容易吸附上其他氣味，而鋁箔紙可以有效防止味道溢出來。另外，鋁箔還能隔熱、保溫，防止巧克力融化變質。

除了巧克力，我們也可以想一想洋芋片，它們的

包裝袋為總是是鼓鼓的？

我們先想想洋芋片的特點：很薄、很脆，容易壓碎變成渣。所以，最早的洋芋片包裝一般是一個圓筒，洋芋片整齊地排列在裡面，硬硬的圓筒能起到保護洋芋片的作用。而現在人們更愛用袋子包裝，裡面鼓鼓的是氣體，而這些氣體可以有效達到一定的減震作用。

另外，袋子充滿氣體後還有一個好處，你猜是什麼？

鼓鼓的袋子能讓這包洋芋片體積變很大，即使裡面洋芋片不多，也能營造出分量紮實的感覺，更有視覺衝擊力。雖然洋芋片袋子上有標示食品含量，但大多數人對重量都沒什麼直觀感受，也不會計算這包洋芋片到底劃不划算。

但請你想想看，在商場裡是不是更容易看到袋裝洋芋片，雖然知道它不健康，但還是禁不住誘惑將它買回家，並覺得這麼一大包實在超級滿足。當然，等你拆開袋子後，往往又會後悔買了它，因為你覺得這袋洋芋片實在有點兒少。

講完了洋芋片的包裝袋為什麼要充氣，我們再來猜猜往袋子裡面填充的是什麼氣體？是空氣嗎？

　　當然不是了，答案是氮氣。

　　但為什麼要裝氮氣呢？這還要從洋芋片的特點講起。

　　洋芋片這種油分含量高的膨化食品若跟氧氣接觸時間過長，容易被氧化，變得不新鮮。另外，洋芋片最怕空氣中的水分了，水分會讓它們變軟，失去原本的鬆脆口感，這可是洋芋片的「靈魂」啊。所以，洋芋片才會在包裝過程中充入氮氣，保持鬆脆的口感。

　　除了巧克力和洋芋片，你還能發現哪些包裝服務於產品特性的例子呢？

　　試著完成下面這些任務吧。

任務清單

⋯⋯⋯⋯⋯⋯⋯⋯⋯⋯⋯⋯⋯⋯⋯⋯⋯⋯⋯⋯⋯⋯⋯⋯⋯⋯⋯⋯⋯⋯⋯⋯⋯⋯⋯⋯⋯⋯

★ 為什麼買的大型家電會有泡沫板？

★ 為什麼洗衣粉是袋裝，洗衣精是桶裝，但洗衣精的補充包又變成是袋裝？

★ 為什麼衣服都用塑膠袋包裝，鞋盒卻大多用紙盒包裝？

★ 為什麼有些熟食會用鋁箔真空包裝？

★ 為什麼米多用真空包裝，麵粉卻不是？

★ 為什麼瓶裝啤酒的瓶身多半是綠色的？

---

1. 冷鏈，也叫「冷藏鏈」。由貫穿產銷全過程的各種低溫加工、低溫貯藏（冷凍庫）、冰箱等設施組成。能最大限度地保持食品原有品質、減少損耗。

5. 為何不選擇成本較低的易開罐？

　　現在的易開罐大多是 330ml 的容量。這樣的容量可以做成瘦長款，也可以做成矮胖型。其中，矮胖型的成本一般會再更低一點。

　　既然矮胖型的製造成本更低，那為什麼現在人們更傾向於使用瘦長款的易開罐呢？

　　有人認為這是因為消費者會受到橫豎錯覺的誤導。

　　什麼是橫豎錯覺呢？

　　你看右邊這張圖，這個圖上的橫線和分隔號，你覺得哪個更長呢？

　　大部分人會覺得分隔號更長。但你只要量一下就會發現，其實橫線和分隔號是一樣長的。所謂「眼見不一定為實」，由於我們的眼睛會產生橫豎錯覺，因此當面對一個矮胖型的易開罐飲料和一個瘦長款的易開罐飲料時，很多人會傾向於選擇瘦長款，因為他們覺得瘦長款的易開罐飲料容量更大，更划算。

　　那為什麼飲料廠不反其道而行之，選擇矮胖型的易開罐飲料，然後利用成本優勢把定價降低，標注清楚自己也是 330ml 的容量，通過低廉的定價「擠掉」市場上瘦長款的飲料呢？

　　有人認為，顧客即便知道兩款飲料容量一樣多，但也還是會因為對瘦長款有偏好而選擇它。這就像我們願意多掏錢住更漂亮的房間，願意為更漂亮的東西付更多的錢一樣。

　　此外還可能是因為貨架資源是有限的。也許同等寬度的貨架能擺下 4 罐矮胖型飲料，卻能擺放 5 罐瘦長款飲料，所以從這個角度來看，廠家和超市也都更喜歡瘦長款飲料。另外，瘦長款飲料輕巧的造型也更便於手握。

一個產品的外形設計，是所有廠商不斷琢磨的焦點。他們會綜合考慮外形的成本是否適合產品和消費者的使用場景，貨架陳列時這個外形是否鮮明突出，設計能給消費者傳達什麼資訊等。再者，外形設計本身有時也能成為行銷焦點。

　　這樣的例子其實很多。比如很多飲料都曾經從355ml改為330ml。雖然製造商聲稱這是為了環保，但實際原因應該是為了迎合消費者們的喜好。但不可

否認的是，這可能是廠商的某一種托詞，真正的原因很可能就是成本上升，但又不適合漲價。如果原來賣 3 元的飲料現在要漲到 4 元，雖然只漲了 1 塊錢，但很多人就是會因此放棄購買。於是，在定價不變的情況下，廠商們只好選擇更小的容量，這樣既能減少飲料的成本，還能減少易開罐的容器成本，畢竟消費者們往往對價格更敏感，對容量並不感興趣。

再者，身為不是那麼健康的飲品，為了迎合現在人對於健康的訴求，廠商推出無糖的零熱量可樂，聲稱裡面不含糖分。雖然這些款式的可樂確實不加糖，但為了保證口感，很多飲料廠家選擇添加人造甜味劑—阿斯巴甜。

這種甜味劑比糖更便宜。

而既然成本降低了，無糖可樂的定價應該更便宜才是呢？

實際情況並沒有。

這是為什麼呢？

因為廠家認為，更健康的飲料意味著更高品質的生活，而更高品質的生活意味著消費者應該出比產品

本身更高的價格。而且，他們要為這款產品投入新的行銷費用去去打廣告，這比產品的製造成本要高出許多。所以，它的定價並不會因為原材料成本的降低而變得更便宜。

說到無糖可樂，我還想問大家一個問題，為什麼無糖可樂要在包裝設計上加入黑色元素呢？

大家想想，最經典的可口可樂是紅白瓶身，而百事可樂則是藍色瓶身，可它們都不約而同地選擇在自己的無糖可樂外包裝上加入黑色元素。這是為什麼呢？

換種顏色，可以很好地和既有經典設計區分開。

想像一下，飲料貨架上擺滿了五顏六色的飲料，你是否能在花花綠綠的飲料中，一眼發現帶有大面積黑色的那一瓶？而且，你如果能夠分辨可口可樂和百事可樂的原來包裝，那麼添加了黑色設計的瓶身，又會讓你一眼就把它和含糖可樂分開。

另外，紅色往往給人以能量爆棚、熱量滿滿的感覺，黑色則非常冷靜，這個顏色低調又內斂，似乎沒有能量。加上黑色顯瘦，給人傳達出「越瘦越健康」的感覺。

　　你看，一個小小的設計竟然有這麼多學問。下次當你買東西的時候，可以想想看：哪些包裝設計會讓你第一眼就注意到它？廠商為什麼會這麼做？他們又是怎麼影響你的消費行為？

不要過度追求瘦就是美，吃得營養、健康才重要！

6. 飲料可以免費續杯，廠商不怕虧錢嗎？

飲料可以無限續杯，面對這樣的良心商家，我們作為消費者雖然很開心，但是否也會困惑，這樣難道不怕賠本？不怕被客人喝到倒店嗎？

當然不會了。

免費續杯對餐飲業者來說，是一種吸引顧客進門的行銷手段。看到有免費續杯的店鋪，我們更容易心生好感。

畢竟餐飲業競爭激烈，尤其是整條街上、整棟大樓裡都是各式餐廳林立的時候，想異軍突起，就必須想出更多吸引顧客上門的方法。如果你是一家餐廳的老闆，想想看，你會用什麼辦法讓大家更願意選擇到去你的店裡光顧？試著把你想到或見過的好方法寫下來。

營業額翻倍大作戰

我可以……	我這樣可以……
★打廣告 ★把飯菜做得特別好吃 ★把用餐環境和菜單設計得很有特色 ★推出促銷活動，比如 po 照片發朋友圈，某道菜打折或免費享用	★提高餐廳知名度 ★擁有很多回頭客 ★吸引一些充滿好奇心、喜歡拍照的人 ★通過消費者進行口碑宣傳

那麼，免費續杯是餐廳是做白工嗎？

也不完全是。

對餐廳來說，免費續杯除了吸引客人進門，還有增加消費額的好處。

很多人去餐廳本來不打算點飲料的，但因為有免費續杯的活動，通常便會點上一杯來喝。有的飲料是一大壺，根本喝不完，更別提續杯了……。另外，飲料可以去油解膩，點了飲料，人們經常會多點幾道菜。就這樣，餐廳用一個低單價的飲料換來更多的客人和更高額的消費。

講完了免費續杯的行銷手段，我再問你一個問題：

反正都是用免費來吸引客人，如果你是餐廳老闆，想一想，哪一種免費最划算？

是某一道菜免費續菜嗎？若嫌炒肉片太貴，那要不要換炒青菜免費？但炒青菜真的會比飲料免費續杯的成本更低嗎？

在很多餐廳裡，一盤炒青菜不過一百元有找，一杯飲料也就是十幾元不等，感覺好像差不多。不過事實並非如此，我們還是要看看它們的實際成本。

我的成本	我的成本

• 200 公克的青菜、油、大蒜等原材料成本 • 主廚炒菜的時間成本 • 主廚的工資 • 服務生的工資 • 分攤的餐廳的租金、水電等成本	• 免費飲品的原材料成本 • 服務生製作飲料的時間成本 • 服務生的工資 • 分攤餐廳的租金、水電等成本

　　很明顯，炒青菜的成本更貴，即便是續一盤最便宜的炒青菜，餐廳也需要做出一盤青菜，以及算進主廚炒菜的時間、工資等。這些成本的投入可不低。如果你是餐廳老闆，你的主廚一天能炒四百盤菜，可是因為你的促銷活動，他得多炒一百盤青菜。如果這些菜都得由他來炒，這樣豈不就會耽誤其他菜色的製作和上菜時間，接著就會出現一堆皺著眉頭等上菜的客人，大家抱怨餐廳上菜慢，紛紛投訴。於是，你不得不多招募一個廚師幫忙，人工費用增加，你能賺到的錢，反而變少了。

　　就算你家主廚炒菜速度快，可以獨自搞定這一百盤炒青菜，可是面對這突然增加的工作量，他很可能會抱著酸脹的手臂，強烈要求你漲工資。這對餐廳老闆來說，菜品投入的成本和由此增加的人力成本，可是一點也不低。

　　但飲品就不同了。飲品製作非常簡單，為此增加的人力成本極低。如果是榨汁飲料，只需要用榨汁機便可搞定，也不過就幾分鐘的事。如果是花草茶之類的東西，事前沖泡好即可，一般服務生多半很快就可

以搞定，既不會耽誤上菜時間，又不會因此增加太多工作量，也不需要支付額外的工資或招聘新人。

看到這裡，你就明白為什麼免費續的大多是飲料了吧。可是，身為老闆的你還是擔心，如果人們不停地續杯喝飲料，這豈不是要把餐廳喝垮了？

放心，其實並不會。

因為既然你是老闆，你自然可以先決定使用什麼飲料續杯最划算。

鮮榨果汁續杯？不行。鮮榨果汁可是用水果榨出來的，太貴了，還是選擇更便宜的飲料續杯吧。

大部分老闆和你一樣，會做出同樣的決定。

一般餐廳選擇參加續杯活動的都不是成本昂貴的飲料，而是酸梅湯、檸檬茶等飲品，雖然它們的定價也不低，但因為都是沖泡的，成本低，即使多續上幾杯，餐廳付出的成本也不會太高。

可能你會擔憂，再便宜也是要花錢的，萬一大家都貪便宜，一直續杯怎麼辦？

說實話，這樣的情況非常少。

你不妨把你的身份換位成來店消費的顧客，想一

想，如果是你，你會打算喝幾杯？每喝一杯的時候，
感覺如何？是不是一直很開心呢？

　　隨著越喝越多，你的快樂並沒有變多，反而因為

第 1 杯

好開心！

開心地喝酸梅湯

第 2 杯

還不錯！

微笑著喝酸梅湯

第 3 杯

喝飽了。

面無表情地喝酸梅湯

第 4 杯

有點撐⋯⋯

皺著眉頭看酸梅湯

肚子越來越脹，甚至吃不下美味的菜。按照經濟學家的說法，這叫做「邊際效益」。

什麼意思呢？

經濟學家是這樣總結的：在一定時間內，當其他商品的消費數量保持不變，消費者連續獲得某種物品時，這種物品每增加一個，其所增加的效用，即邊際效用是遞減的。

好吧，看起來還是有點難懂，但其實 它是在說一個簡單的道理：當我們獲得的東西越來越多，所能得到的快樂和滿足卻在逐漸降低。喝酸梅湯是這樣，吃饅頭也是這樣，而且更明顯。吃第一個饅頭時，感覺饅頭味道不錯，吃飽了；吃第二個饅頭時，就撐了，吃不下了；吃第三個饅頭時，那感覺簡直是「虐待」。所以，有些餐廳也會推出主食免費續吃的活動，但誰會一直吃米飯和饅頭呢？

所以，雖然很多消費者都喜歡佔便宜，但就這些飲品而言，餐廳並不會一直被佔便宜，它們不擔心消費者會真的無限續杯下去。很多人只會續杯兩、三次，餐廳只要能負擔續兩、三杯的額外成本就可以了，更

何況這些額外成本，還能帶來更多收益。

既然免費續能帶動客流，拉動消費，成本還不是特別高，那只要開店就免費續杯或續主食，這樣不就天下無敵了嗎？

請醒一醒吧。這只是餐廳眾多行銷手段中的一種常規操作。

做生意是一門綜合藝術，不是只用免費續吃貨續杯就能讓生意不停地上門。很多餐廳就不會推出這樣的活動，卻也能讓客人川流不息地上門？如果你跑到一個貧窮的國家開店，人們吃不飽飯，而你拿續麵當行銷手段，饑餓的人們會不會續麵續到肚子撐，把餐廳吃倒呢？

所以，千萬不能刻板地接受知識，還是要多多思考並且靈活運用。

想一想你去過的餐廳，那些老闆是否有推出什麼吸引客戶的手段？

哪些手段有用，哪些手段沒用？原因是什麼？

最後再想一想，同樣的店又分別是靠什麼樣的方法支撐的？

這兩家店的行銷手段又分別是什麼？

7. 為何鹽巴很便宜，鑽石卻很貴？

　　我們每天都需要鹽，有句俗諺叫做「開門七件事，柴米油鹽醬醋茶」，其重要性可見一斑。

　　但為什麼我們每天都離不開鹽呢？

　　首先，鹽是我們生活中必備的調味品，我們每天炒菜都離不開它。另外，鹽的作用可不僅是調味，鹽中所含的鈉是我們身體必需的礦物質。如果不吃鹽，我們的身體就不能妥善輸送營養或氧氣，神經和肌肉就無法良好運轉，那樣一來我們會變得沒有力氣。如果我們在戶外運動的時間過長，出汗過多，或者拉肚子拉到虛脫，發生脫水現象，這時就必須及時攝取運動飲料來補充電解質，這種水裡就有鹽的成分。有時我們生病，必須打點滴補充生理食鹽水，其實從名字

就能說明一切，這些點滴瓶裡面也含有鹽的成分。可見鹽對我們多麼重要了。

如果長期不吃鹽，我們會出現噁心、嘔吐、嗜睡、昏迷等症狀。人類需要鹽，動物也一樣。野生動物會去舔舐鹽鹼地，目的就是補充鹽分。猴子們彼此梳理毛髮可不僅僅是捉蝨子，牠們也會吃掉毛髮間因為汗液揮發而生成的鹽粒。反觀我們能在商店裡買到鹽，真比牠們幸福多了。

可是，鹽既然那麼重要，卻為什麼那麼便宜？一袋鹽也不過就幾塊錢。而那些鑽石珠寶，就算一顆沒有，也完全不影響我們的生活，但鑽石卻很貴，動不動就成千上萬，有的甚至幾百萬、幾千萬，普通人得花一大筆工資才能擁有一顆紅豆那麼小的鑽石。鑽石究竟為什麼會那麼珍貴呢？

主要有以下三個原因。

一是稀缺性

經濟學家說，這個世上越稀缺的東西就越昂貴，所謂「物以稀為貴」就是這個意思。

這個世界上，鹽很多，可鑽石很少。它們又是從哪裡來的呢？

　　鹽的來源有很多，如古籍《天工開物》1 裡就說，鹽有海鹽、池鹽、井鹽、土鹽、崖鹽、砂石鹽六種。海鹽，就像它的名字，來自浩瀚的海水。地球表面積 71% 被水覆蓋，其中 97.2% 是海水。這麼多海水應該可以產出數不盡的鹽。

　　而鑽石和海水一樣古老。南非的鑽石誕生於約 45 億年前，是碳元素在高溫高壓下生成的結晶。它們和石油、天然氣、玉石等資源一樣，都是大自然的饋贈。相比隨處可見的海水而言，鑽石確實要顯得稀缺得多。

機智
問答

　　稀缺效應：意指越稀缺的商品，價格越高。要注意，這裡指的是商品。大自然中，雖然有的動、植物是珍稀物種，但因為它們不是商品，所以沒有價格。它們對人類和自然的重要性，也不能簡簡單單用價格去衡量。

我是明成化鬥彩雞缸杯，是明代成化皇帝的御用酒杯。我是個有五百多年歷史的稀缺古董，曾經有人在拍賣會上花了 2.8 億元將我買回家。

我是「光明之山」，一顆超級大鑽石。鑽石越大，成色越好，價格也就越昂貴。我就屬於這一類。因此，我曾被鑲嵌在皇冠上。

我是牛黃，出現在牛的膽囊裡，是它的膽結石。因為稀缺，所以我可是珍貴的藥材，1 公克牛黃的價格甚至比黃金還昂貴。

　　這個世界上，越稀缺的東西往往越昂貴。所以有些商家也會人為地製造稀缺感。比如發售新年限定款，全球限量發行多少個。

　　稀缺感會讓我們更想擁有某樣東西。

　　有時候，我們去商場買東西，發現前 500 名下單

者有優惠，這也是一種稀缺。這種稀缺感是商家故意營造的某種緊張感，藉此催促消費者不要猶豫，儘快下單。

許多大型買場推出促銷方案，除了讓消費者撿便宜以外，也在營造稀缺感。在這些大型促銷活動剛推出時，標榜打折僅此 1 天，所有想要撿便宜的人不管這個商品是否當下真的需要，但都會急著設定時間，不經思考地便下單狂買。現在這些大促銷的時間延長，有些促銷活動甚至持續一個月，但當打折日常化，不再出現稀缺感時，人們反而沒那麼大的消費動力了。

二是成本

人類製鹽的歷史非常久遠。20 世紀 50 年代在福建出土的仰韶文物裡，就發現了煎鹽的器具。這說明在遙遠的仰韶時期（約西元前 5,000 年至西元前 3,000 年），古人就已學會透過煎煮海水的方式蒸發水分來取鹽。我們都知道春秋時期齊國的齊桓公，是春秋五霸 2 之一。而齊國的厲害之處，可不僅是因為軍事力量強大。齊國離海近，煎鹽和漁獵非常發達，那時各

個諸侯國都需要鹽，所以齊國靠著鹽成為強國。那時候，人們主要也是靠煎煮海水來得到鹽。

後來，祖先改良工藝，不再煎煮海水，而是改為通過日光和風力來曬鹽。因為就地取材非常方便，工藝成本又不複雜，所以鹽的製造成本非常低廉。直到現在，製鹽工藝日臻成熟，當然成本就更低了。

而鑽石深埋地下，需要爆破、挖掘、運輸、沖刷、分選……，開採過程非常複雜，技術難度也高。鑽石被開採出來後還需要經過分割、打磨、拋光等多道工藝，透過工匠們切割加工出漂亮的切面，增加對光線的折射度。所以，我們看到的鑽石總是光彩奪目，熠熠生輝。因此，鑽石的成本遠高於鹽。

成本高，定價就會高。比如，生產成本 1 元，利潤 50%，定價是 1÷50%=2 元。生產成本 10 元，利潤同樣是 50%，定價就是 10÷50%=20 元。大家看到中間的差距了吧。

三是邊際效益

這個專有名詞，我們在本書第六章已經學過。鹽

可以食用，鑽石可以佩戴，這就是效用。邊際效益就是每多擁有一包鹽，或多擁有一顆鑽石，它們給你帶來的效用會不會變得更好，你會不會變得更快樂、更滿足。

想想看，自己擁有的鹽在增加，那麼你會……

我有一包鹽，嗯，這個月我需要它。

我有兩包鹽，這個月我並不需要兩包鹽，吃多了有點兒鹹。

我有三包鹽，炒菜放三倍量的鹽巴，菜餚鹹得發苦，真讓人受不了。

一百包鹽巴，我囤積這麼多鹽巴幹嘛？那得吃到哪年哪月啊！

那如果換成鑽石，你會……

我有一顆鑽石，雖然有點兒小，但這是我老公的一片心意，真棒！

我有兩顆鑽石，可以做一對鑽石耳環了！

我有五顆鑽石，比朋友擁有的還多，我太幸福了。

我有一萬顆鑽石，我簡直太富有了！

所以，即便你有 1,000 萬，你也不會買很多鹽，不會花太多錢。但如果是鑽石，你就會願意掏出更多的錢去買。這就體現了鑽石的邊際效益大，鹽的邊際效益小。

　　不過需要注意的是，鑽石更顯昂貴的另一個原因是，人們願意為它的價格買單。如果你視鑽石如糞土，認為它只是一種漂亮的石頭甚至很俗氣，那對你而言，鑽石便是一文不值，更別提買下它了。

1.《天工開物》是明代宋應星所著。此書有系統地記述中國古代農業和手工業的生產技術及經驗，並且附有大量插圖。

2. 春秋時期，齊、晉、楚、吳與越等國先後建立霸權，史書將這一時期建立霸權的諸侯國國君統稱為「春秋五霸」。春秋五霸的一種說法是齊桓公、晉文公、楚莊王、吳王闔閭和越王勾踐，另一種說法是齊桓公、宋襄公、晉文公、秦穆公和楚莊王。

8. 有些服飾店為何總在打折？

　　有時候去逛百貨公司，你會發現有些品牌定價隨便就是幾千甚至上萬元，價格看著高得可怕。可是，它又跟其他昂貴的牌子不一樣，因為它常年在打折。

　　「打折」是什麼意思？就是按照定價的某個比例銷售。比如打 2 折就是按照定價的 20% 來銷售。按照數學邏輯來計算，就是定價 ×20%，也就是定價 ×0.2。話說打 5 折已經很厲害了，它們乾脆直接半價出售，天天打 2 折不會賠本嗎？

　　可是一、兩年過去了，你會發現那個品牌竟然還在。真是奇怪，這是為什麼呢？

　　其實這和我們的消費心理有關係，也是一種精明的商業策略。有些經濟學家稱呼它為「定錨效應」。

聽到這裡，你可能會有點兒迷茫，定錨效應是什麼？看到這裡，你可能還是不懂。接下來容我問你一些問題，請你來回答。

臺北市的常住人口超過 60 萬嗎？你認為臺北市的常住人口有多少？

你會猜多少呢？因為受到「60 萬」這個數字的影響，故而大多數人會在 60 萬左右猜測，猜 50 萬或者 80 萬。

現在，容我再換個問題。

臺北市的常住人口超過 200 萬了嗎？你認為臺北

機智問答

定錨效應：「錨」是船停泊時所用的器具。沉重又帶著倒鉤的船錨，可以穩定船舶。人們在判斷一件事時，容易受到第一印象或第一手資訊的影響，而這些初始印象和初始資訊就像船錨穩定船舶一樣，把我們的思維固定在某個輔助線上，這就是「定錨效應」。

市的常住人口有多少？

　　如果第一次看到的是這個問題，你又會猜多少呢？因為受到「200萬」這個數字的影響，大多數人會在200萬左右猜測，猜170萬或者260萬。

　　你也可以記下這兩個問題，問問你班上的同學，記下他們的回答，並寫在下麵的表格裡。看看第一個問題的回答和第二個問題的回答，兩者會有什麼區別？

問題一		問題二	
臺北市常住人口超過60萬人了嗎？你認為落籍臺北市的人口有多少？		臺北市常住人口超過200萬人了嗎？你認為落籍臺北市的人口有多少？	
A 同學		A 同學	
B 同學		B 同學	
C 同學		C 同學	
D 同學		D 同學	

　　大概前者猜的數字會比後者猜的數字低。60萬和200萬就是在同學們心裡拋下的船錨，把他們猜測數字的區間分別定在了60萬和200萬左右。到這裡，你是不是有點兒明白定錨效應的意思了？

定價：500 元
折扣：2 折
售價：100 元

定價：100 元
折扣：9 折
售價：90 元

　　讓我們現在再度回到百貨公司的專櫃，這裡有兩件衣服。你會更想買哪件？

　　500 元的衣服不算便宜，但 500 元的定價會在我們心中定下這件衣服很貴、值 500 元的錨點。看到折後 100 元，我們更容易覺得自己占了店家 400 元的便宜，和 500 元原價比起來，我們就會覺得 100 元就可以買下來真划算。而另一件衣服原價 100 元，雖然售價 90 元，但我們往往會覺得打 9 折就買，實在太不划算，萬一哪天它會打 5 折也說不定呢。與其 90 元買下它，不如加 10 元，用 100 元買下價值 500 元的衣服，那樣占的便宜還更大。

　　但其實，這個專櫃常年打 2 折，原價 500 元的衣

服品質和原價 100 元的並無多大區別，成本也差不多，只是故意把定價抬高，再打 2 折搞促銷。

還有一種情況，在百貨專櫃裡，一件衣服標價 500 元，另一件衣服標價 600 元，而且兩件衣服的品質差不多，你會選哪件呢？

相信很多人都會毫不猶豫地選擇 500 元的衣服。

那如果 600 元的衣服買一贈一，買這件衣服送一頂帽子呢？

你可能覺得自己不需要帽子，還是會選擇 500 元的衣服。

那如果這頂帽子標價 500 元呢？

你心裡的天平是不是開始傾向於 600 元的衣服了？帽子的標價在我們心裡拋下一個錨，讓我們覺得買一件 600 元的衣服，還得了一頂 500 元的帽子，相當於我們花了 100 元就擁有了價值 500 元的東西。真是太值了。

這樣的技巧，除了衣服外，我們在很多地方都能見到。比如，你想訂閱一份雜誌，這份雜誌報價如下，你會傾向於哪種選擇？

A. 紙本：全年訂閱價 3,000 元
B. 電子書：全年訂閱價 2,500 元

你可以問一下自己的同學們，他們中間應該會有一部分喜歡紙本的訂閱戶 A；也有一部分為了省錢而訂閱 B。

那如果我們換個報價策略呢？

A. 紙本：全年訂閱價 3,000 元
B. 電子書：全年訂閱價 2,500 元
C. 紙本＋電子書：全年訂閱價 3,000 元

　　你再問一下自己的同學們，你會發現人們的訂閱傾向發生了很大變化，選擇 A 的沒有了，選擇 B 的少了，選擇 C 的增加了。這是因為人們心中留下了電子版價值 160 元的印象，訂閱 C 可以同時得到 A 和 B，簡直太划算了。

　　而對雜誌社來說，電子版不需要印刷，成本相對低，增加 C 套餐便可減少 B 的訂閱量，收入一下子增加不少。

　　或者，某一個手機品牌推出定價 4,000 元的新款手機，大家驚呼簡直太貴了。那如果它同時還推出 10,000 元的手機呢？與 10,000 元的價格相比，4,000 元似乎變得容易接受了。一家飲品店裡，一杯奶茶標價 30 元。好貴啊！但如果這家店裡擺上了一排排標價每瓶 19 元的礦泉水，你就會覺得這家店連水都賣得這

麼貴，這足以說明它的奶茶一定有貴的理由。

　　我們再看看定價。很多商家標價 201 元的產品往往喜歡標 198 元，這又是為什麼呢？

　　這是因為 201 元在我們心裡的錨點是 200 元以上的產品，但只要便宜 2 塊錢，人們就覺得這不過就是一個定價一百多塊錢的產品，心理上將更能接受一些。

　　這樣看來，價格還會影響我們的消費心理，是不是很有意思呢？

9. 網路書店的促銷方案，為何會更優惠呢？

　　你如果習慣在網路書店買書，你就會發現，新書從習慣的 79 折變成 75 折，又從 75 折一路降到了 66 折。雖然新書推出打折優惠對消費者來說是件好事，但你會不會好奇，這些書店為什麼不商量好，統一按原價出售即可？這樣他們賺得不是更多嗎？

　　你還別說，他們確實想過這個問題。有的書店也呼籲過一起聯合，控制折扣，確保利潤。可是他們一直沒有成功。為什麼？一起聯合控制市場真就那麼困難嗎？

　　對，真的很難。

　　讓我們先來看一道著名的選擇題。假設 A、B 兩個犯罪嫌疑人一起作案並被抓，通通進了警察局。警

方沒有足夠的證據指控兩人有罪，於是分別對這兩人進行審訊，並給他們提供兩種選擇：認罪並做證檢控對方（背叛）或保持沉默（合作）。在這場審訊裡，如果他們其中一人選擇背叛，而另一人選擇合作，則背叛的一方將即時獲釋，而合作的一方將判監 15 年。如果雙方都選擇合作，則兩人都會判監 1 年。如果雙方互相背叛，則兩人都會判監 10 年。

　　請問，無法串供的他們將會如何選擇呢？

囚徒困境	犯罪嫌疑人 B	
	招供（背叛）	沈默（合作）
招供（背叛）	10 年　10 年	0 年　15 年
沈默（合作）	15 年　0 年	1 年　1 年

　　A 會想，如果自己不招，B 也不招，兩人都在監獄待 1 年就可以出來了；但如果自己不招，B 招了，自己就要被關 15 年，簡直太虧了；但如果自己招，B 不招，自己直接無罪釋放；如果自己招了，B 也招了，他們兩人分別要在監獄待 10 年。

　　這筆交易怎麼看，都是自己招供比較划算。

　　而弔詭的是，B 也是這麼想的，於是，A、B 兩人都會招供。

　　這就是人們在做決策時經常面對的選擇，而這道選擇題叫作「囚徒困境」，是博弈論裡非常經典的一個案例。它解釋了為什麼儘管彼此合作是對雙方來說最好的選擇，但對其中任何一方來說，背叛對方似乎都更符合自己的利益。

　　再回到書店打折這件事。拋開網路平臺、經濟等其他因素，單從心理博弈的角度來說，書店確實曾想要一起聯合控制折扣，這對彼此來說確實是很好的選擇。但是總有某幾個通路商會想：「如果我一直控制折扣不降價，堅持打 7 折，可是別的書店不遵守承諾而打 5 折，甚至 3.9 折，那麼我豈不是完蛋了？不如

我還是繼續打折；如果其他書店聯合控價賣 7 折了，我的書更便宜，讀者一定會買我的書；如果其他書店和我一樣也放棄控價，打 5 折甚至 3.9 折，那麼我也不至於在價格上太被動，起碼和對手是一個價格，反正不吃虧。」

於是，因為大家都這麼想，所以便永遠無法聯合起來，無法控制市場價格。很多行業也是如此。從競爭有利於市場發展、打折有利於讀者的角度來說，這都是好事。但是，過低的折扣也會引發書店借提高定價來打折，也就是高定價、低折扣，或者為了降低成本而降低書的品質等諸多問題，這一現象在各行各業都存在。

囚徒困境除了可以解釋書店聯合控價一直失敗之外，我們還可以用來理解生活中的其他現象。

有一個叫作檸裡子的人要乘舟從吳國到粵地，他想坐官船去。可這河面上停了好多艘船，他總不能一艘一艘地問，那得多費勁啊。於是，他問隨從：「河道上這麼多船，我們如何辨認哪艘是官府的船，哪艘是私人的船？」隨從想了想，靈機一動：「這簡單，

看看這些船， 哪艘船的頂棚破陋，帆布破舊，這就是官府的。」樗裡子一問， 還真是如此。

這個故事可以反映出一個問題：大家一般不太會愛護公家的東西，比如公共綠地、公共健身器材、社區裡的公共空間、樓梯間的公共區域……有人把這種現象稱為「公地悲劇」。

比如，雖然兩家房子的公共區域有點兒髒了，一家會想：「如果我打掃，對方不打掃，那我就虧了？如果對方見我打掃，以後他就更不打掃了，我豈不是白擔了他的責任？不如先等一等，看看他打掃不打掃；如果他打掃了，那我就不用掃了；如果他不掃，我也不掃，物業也會打掃的。」

再比如，牧民們共用一片草場。如果大家都控制放羊的數量，草場還可以承受；如果大家都不斷增加羊的數量，過度放牧，那麼過不了幾年，草場就被羊啃食得寸草不生了。可即便這樣，不少人還是會想：「如果我多放牧一隻羊，賣掉羊的錢全歸我的；但如果他們任意放牧而只有我守規矩，減少放羊的數量，那不就都我一個人虧了？如果他們放牧守規矩，那我一個

人多放牧，也不會影響草場；如果他們和我一樣不守規矩，那麼每個人都會承擔一部分損失。如果大家都這麼想，沒有節制地放牧，最終的結果就是，幾年後草場沙化，牧民們無處放羊。

其實，公地悲劇也是一種心理博弈，因為各自利益的驅使，最後大家都選擇了不好的行為，最終導致公共的東西受到傷害，傷害所有人。除了公地悲劇，我們也能從吃飯 AA 制來看心理博弈的現象。你有沒有發現，吃飯採用 AA 制時，人們的花費往往到最後會容易變更多。

這是為什麼呢？

假設你一個人在餐廳吃飯，點個 100 元的定食。200 元的菜色對你來說有點貴，你通常捨不得點。但如果是兩個人一起吃飯 AA 制，那 200 元的菜色自己只要付出 20÷2=100 元。

畢竟有別人一起分攤，你感覺很划算，於是你很容易在沒有心理負擔的情況下多點了這盤 200 元的菜。而如果你的朋友也是這麼想，也跟著點了一盤 200 元的菜，那麼，你們兩個人一共花了 400 元，平均下來

每個人仍需要花 200 元吃飯；如果你的朋友點了 100 元的菜，那麼你們兩個一共花了 300 元，分攤下來，每個人需要花 150 元，不管怎算，通通超過了自己吃飯時的花銷。因此，一起吃飯的人越多，這種效應往往會越明顯。

10. 為何即使夾不到娃娃，但人們卻依舊不斷投錢碰運氣？

　　很多人一遇上抓娃娃機就挪不開腳步，畢竟放在裡面的娃娃實在太可愛了。而且，只要 50 或 100 元就可以抓一次。如果一次就抓到了，這種感覺簡直太賺了。因為平時在店裡買一個娃娃怎麼也得十幾元了。而且有的娃娃機裡還有一些超級大的娃娃，怎麼也得賣 500 元以上。

　　用很小的投入換取更大的收益，人們有這種想法非常正常。一想到用最小的代價去換取最大的收穫，我們的大腦就會開始分泌多巴胺（dopamine）──一種讓我們感到快樂的物質，這會讓我們更加興奮，迫不可待地想要開始嘗試。如果投入硬幣抓到娃娃之後，獲取的獎勵還具有不確定性，有時候沒有抓到，有時

候又能抓到很貴的，那麼它帶給我們的興奮感就更大了。

總之，身體的本能讓我們很容易淪為「賭徒」，只有理性和文明才能讓我們戰勝它。

針對這種沉迷某一事物的心理現象，美國的心理學家伯爾赫斯・弗雷德里克・史金納（Burrhus Frederic Skinner）還做過一個著名的小白鼠實驗。在實驗箱裡，小白鼠發現，只要自己按壓一下按鈕就會掉下一粒玉米粒。於是，聰明的小白鼠發現，只要肚子餓了就按一下按鈕，食物就會自己掉出來了，整個世界頓時變得超級美好。

後來，史金納把獎勵變成隨機出現的狀態。當小白鼠按壓按鈕時，玉米粒變成會隨機掉落。有時什麼都沒有，有時又會一下子掉出好幾粒。

這就像抓娃娃的情況。

本來小白鼠只有在饑餓時才會對按鈕感興趣。直到獎勵機制改變後，小白鼠和我們人類一樣開始

變得興奮。如果掉落的食物變多，一次有好幾粒，小白鼠就會覺得自己賺到了，大腦裡也就會釋放大量的多巴胺，變得十分快樂；如果這一次不掉落食物，小白鼠便會感到失落，並且為了再次得到獎勵，恢復快樂的感覺，牠不會停下來，而是選擇繼續按按鈕。

在這個獎勵機制下，小白鼠開始不停地按按鈕，這和我們抓娃娃時停不下來的狀態是不是超級像？這種讓人沉迷的獎勵機制不僅在抓娃娃機裡能見到，在其他地方也能發現。比如廠商推出的幸運轉盤，你有可能轉到幾萬塊的超級大獎，也可能轉到一條毛巾，也可能轉到「銘謝惠顧」。大部分人忍不住參與一把。再比如遊戲裡會隨機給獎勵，有時候是個普通的道具，有時候是個限定的裝備，讓人停都停不下來。這些都是商家掌握了我們的本能和心理，讓我們的大腦分泌出大量的多巴胺，時刻保持興奮感。

但在幸運輪盤、玩遊戲、抓娃娃時，我們一般轉到的是「銘謝惠顧」，得到的是普通的禮物，抓娃娃時總是失敗。商家不會讓我們輕易得到娃娃，因為商家購買娃娃機、買娃娃當獎品、在商場租賃店鋪或位

置、公司雇用相關工作人員等都需要花錢。所以，他們放在一個娃娃身上的成本可不是幾塊元而已。而且，店家的目的就是獲利，他們期待從我們每個人身上賺取更多錢。店家會通過設置機器，把抓娃娃機的鋼爪調鬆，因此，經常出現好不容易對準娃娃下手而且也夾住了，但卻在上升過程中又掉下去的情況……。

那為什麼商家不把機器設置成零功率呢？

雖然這樣看上去商家投入的成本更低，但想一想，甲店裡，所有人都在唉聲歎氣抓不到。乙店裡，雖然也有很多人抓不到，但還是有那麼一個人抓到了一個很大的娃娃，還有幾個人雖然投了二十多次幣後，終於抓到了一隻可愛的玩偶，大夥兒高興得歡呼雀躍。這時，你覺得哪家店對你的誘惑更大？ 毫無疑問，當然是乙店了。

看到這裡，你可能會想，真是「無奸不成商」啊。那我只抓兩次，玩一下，抓不到也就算了，不會再投幣抓娃娃。

如果你是這樣想的，那麼恭喜你，你還是理智的。雖然很多人一開始也是這麼想的，卻還是忍不住一直

抓下去。

為什麼呢？

明明自己投的硬幣早就超過了 100 元，超過預期一個娃娃的價值，開始虧錢了，卻為什麼總是忍不住想要再抓？

這就涉及一個概念—沉沒成本（Sunk Cost）。

我們可以把沉沒成本理解為「打水漂的錢」。

我們抓娃娃的時候，第一把投入了 50 元，什麼也沒有獲得。這時，我們的沉沒成本是 50 元。這 50 元再也收不回來了，算是打水漂了。可是，因為我們每個人都厭惡損失和失敗，所以我們本能地想再試一把，

機智問答

沉沒成本：這是一個經濟學概念，指的是已經發生的、不可能收回的支出。這些支出就像沉沒在水下一樣無法挽回。經濟學家認為做決策時應該理性，不應該受到沉沒成本的影響。

認定說不定下一把就成功了。

於是，絕大多數人會不理性地開始玩第二把，也就是再投入 50 元。結果還是什麼也沒有獲得。這時，我們的沉沒成本已經是 100 元了。我們覺得自己虧得有點多，心裡會特別想把這 100 元賺回來。於是，很多人還是會不理性地開始玩第三把，又投入了 50 元。但結果還是什麼也沒有獲得。

這時，我們的沉沒成本已經是 150 元了。

等我們虧到 200 元時，這筆金額已足夠我們買一個娃娃了。

所以，這時候最明智的選擇應該是馬上離開。

可是，又是討厭虧損和失敗的賭徒心理把我們「綁」在了娃娃機旁。隨著虧損的增多，把虧損的錢賺回來的想法變得越來越強烈。

於是……一不小心……我們就玩到了第十把。結果還是什麼也沒有獲得。這時，我們的沉沒成本已經是 500 元了。我們已經虧了能買兩個娃娃的錢。這個時候，我們的大腦除了繼續想要把虧損的錢賺回來之外，還會想要急著證明自己「我可不想承認自己一直

在傻乎乎地抓娃娃」、「我沒有做錯誤的決定」……
為了讓自己心裡好受些，我們會欺騙自己，為自己的
不理智行為尋找一個合理的藉口，或者直接否定。我
們會自我肯定：「我沒有做錯，我抓娃娃是對的，我
再抓一把就翻身了。已經這麼多把了，興許下一把就
直接抓到最大的娃娃了。」

　　於是……很多人又繼續抓娃娃，直到零用錢花光
光了才死心。這就是我們抓娃娃時會停不下來的原因。

　　因為厭惡沉沒成本，不能接受損失，從而做出不
理智行為的事情，其實這在我們身邊非常常見。比如，

我們花 300 元買了一張電影票，進入影院後，發現這個電影簡直太爛了。300 元已經打了水漂，這個時候最理智的選擇就是離開影院。可又心疼已經花出去的 300 元，多數人會選擇忍著頭疼和難受看完整部電影，結果就是虧了 300 元，又找罪受甚至白白浪費自己一個多小時的時間。

又或者，我們跟著旅行團坐了 1 小時的車到某個景點，結果卻發現這裡其實是個觀光工廠。導遊說：「反正已經到了，進去看看吧，說不準會有想要買的東西。」這個時候，時間已經虧了，其實理智的做法是下車呼吸新鮮空氣，放鬆一下就好。可是人們心疼自己已經花了 1 小時的時間成本，往往便會走進店裡轉一圈，結果就是浪費了時間不說，如果碰到一個舌燦蓮花的導遊，也許你會一不小心又花下一大筆錢買了沒用的伴手禮。

這樣的案例不在少數。

所以，當你在做決策的時候，絕對不能忽視這些沉沒成本，要理智考慮當下的情況。現在，你知道自己應該怎麼做了嗎？

11. 服飾店會舉辦清倉特賣為何鹽巴不會？

　　無論是去百貨公司，還是在網路商店上購物，我們總會發現衣服經常在打折。除了剛上市的新品之外，其他過季商品多少都會打折。可鹽巴基本不會，無論是在古代還是在現代。

　　這是為什麼呢？

　　古代的鹽一般是由官府管控的。在周代，天子和諸侯有各自的領地和子民，商人們要想在天子或者諸侯的領地上賣鹽，必須獲得他們的許可。在西漢漢武帝時代，皇帝為了增加國庫收入，把鹽和鐵牢牢掌握在自己的手裡。所有人都要吃鹽，這樣皇帝就能從鹽的銷售中賺到很多錢。

　　從「鹽」字上也能反映出這一點。我們來分解

「鹽」字，下面的「皿」代表制鹽的工具，上面則是「臣」和「鹵」字。「鹵」是制鹽的鹵水，「臣」代表國家對鹽的壟斷和控制。所以在古代，鹽是不可打折的。

那為什麼到了現在，鹽還是不打折呢？

想要知道這個答案，我們還要先說回衣服。衣服這類消費品，每年都會配合不同季節推出不同的款式。消費者需要買當季的產品，在夏天快要來時買夏裝，在秋天快要到來時買秋裝。當季的新品打折力度很小，這是商家的利潤所在。有的消費者缺一件夏天的上衣而不得不買；有的消費者雖然不缺衣服，但想緊跟潮流，購買最流行的新款，在強烈的購買訴求的驅動下，他們寧願選擇承受全價也不放過。

但衣服也非常容易過季。夏天到了，春裝就過季，沒人買了；沒幾個月，秋天到了，夏裝就過季，沒人買了。對服裝廠來說，這真是讓人頭疼的事情。

為什麼呢？

因為人有高矮胖瘦，為了滿足不同身高和體重的需要，一個款式從最小尺寸到超大尺碼，製造商都要

生產。於是就會產生大量庫存。

如果當季賣不掉，這些衣服就會變成庫存。於是製造商就會選擇在快過季的時候，打折處理，賣一件算少虧一件。

你可能會說，今年賣不掉的春季款可以在明年春天當季時接著賣，那時候還能賣全價，有什麼可擔心的？雖然沒有賣完的衣服，確實可以在庫房裡放一年。

女裝新款

男裝新款

尺碼：XS、S、M、L、XL、XXL

尺碼：XS、S、M、L、XL、XXL、XXXL、XXXXL

我是服裝店老闆，一款女裝我要準備6個尺寸，一套男裝要準備8個尺寸。每個尺寸備貨1萬件，女裝和男裝便分別是6萬件和8萬件，投入的都是錢啊！

可是賣不掉的商品擺在倉庫裡，對服裝廠商來說就會有兩個問題產生：

問題 1：賣不掉的衣服全堆在倉庫。倉庫每年還要支付租金、設備、人工等成本，這也是一筆開銷。

問題 2：衣服沒賣掉就收不到錢。沒有錢就無法買布料、發工資，那麼工廠就沒辦法繼續運轉。

另外，從市場的角度來說，今年賣不掉的衣服留到明年接著全價販售，這也是個不太現實的想法。現代人追求新鮮，今年的新款等到明年就變舊款了，很有可能賣不出去。而且不妨換位思考一下，從消費者的角度來說，這家店每年都是這幾款衣服，你還會想去逛嗎？

所以，無論是從資金的角度，還是從每年更新款式吸引消費者的角度，服裝廠商都會傾向於將過季服飾打折優惠處理。

可是鹽就不同。鹽沒有季節性，也沒有「過季」一說。目前沒有哪個商家會推出春季款、夏季款的。當然，如果以後市場上有哪個行銷天才真這麼幹了，也並非全部不可能。

再者，鹽也沒有什麼流行款式。大部分的鹽是藍白包裝，沒什麼太大的區別。我們不會像買衣服一樣，因為款式而買。我們買鹽不是因為它包裝好看，而是因為我們做飯需要它。我們買零食或許會因為包裝而被吸引，可是買鹽巴，我們只會考慮它加不加碘，是湖鹽、海鹽還是玫瑰鹽，什麼價格……。

所以，鹽的這種商品屬性使它不需要因為過季或庫存大而被迫打折處理。

機智問答

需求彈性：是指在一定時期內，在沒有其他因素的影響下，因為商品價格的變化，人們對於商品的需求量是否會產生相應的變化、變化的幅度會有多大。

另外，打不打折還和消費者的需求彈性有關。

那什麼是需求彈性呢？

當我們有必備的日常衣服後，其他衣服就會變得可買、可不買。加上衣服又比較貴，所以我們會對價格非常敏感，價格一旦產生變化，會對我們的消費心理產生很大影響。

一家店的襯衫標價 1,000 元時，你需要幾件呢？可能你會覺得一件也不需要。因為你衣櫃裡的襯衫足夠穿，沒必要花這筆錢。

那當襯衫打 5 折，襯衫變成 500 元時，你需要幾件呢？

這時，你可能就會心動了，這可是便宜了 500 元呢，買一件似乎也可以接受，多個款式也挺好。

當襯衫打 2 折變成 200 元時，你需要幾件呢？

你可能會驚呼一聲：「天哪，這簡直太划算了！」雖然你現有的襯衫已經夠穿了，但你還是買了一件。

當襯衫打 1 折變成 100 元時，你需要幾件呢？

你可能無法控制自己激動的心情，這可是 1 折啊，你一點兒也不想放過這絕佳的機會。雖然這些款式的修身效果不怎麼樣，但你就是覺得不買就虧了，於是你把可以穿上湊合的款式全都買下，一口氣買了四、五件，即便這樣還是覺得買得太少，不過癮。

你看，價格的變化會導致我們對衣服的需求量一下子翻了好幾倍。

那鹽呢？

鹽和衣服可不一樣。鹽是日常生活的必需品，無論是貴還是便宜，每個家庭都必不可少。我們不能不買，但也不會多買。

即便鹽變便宜了，我們也不會像買衣服那樣去買鹽，不會大包、小包通通買回來，不會不同包裝的鹽都去試一遍。所以，買那麼多鹽有什麼用？又不能穿，也吃不了多少，只能放著。加上鹽巴價格很低，50 元一包的鹽，就算打折，也就便宜幾角錢，即便打個 5 折也才便宜 25 元，跟衣服一打折就會便宜幾百甚至上千元相比，鹽即使再便宜，也對消費者產生不了多大誘惑。

　　因此，衣服的需求彈性大，只要一打折就能吸引大家狂買；鹽的需求彈性小，就算再便宜，人們也不會多買。也正因如此，我們總能看到衣服打折，但鹽卻不怎麼在打折。

　　想想你身邊還有哪些商品在打折，或者從不打折？

　　打折有用嗎？

　　打折或不打折的原因又是什麼呢？

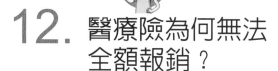

12. 醫療險為何無法全額報銷？

　　如果去醫院，你會發現你的家人拿著健保卡。有了健保卡，看病的一部分費用就能減免。你可能會好奇，為什麼這麼好的政策不能更好一些？

　　為什麼我們的國家不能減免全部的治療費用？

　　為什麼有的藥在醫療保險報銷範圍裡，有的藥就不是呢？

　　為什麼不能全部放進去呢？

　　這其實是一道很精密的經濟題。

　　在思考這個問題之前，我先問你一個問題：醫療保險報銷的費用從哪裡來呢？是醫院嗎？

　　不是。

　　醫院需要經營，需要支付醫療用品的費用、醫護

人員的薪水、水電費、醫療設備的採購和維護費用等。總之，醫院需要大量的資金才能經營。如果病人看病完全免費，醫院收不到錢，也就沒錢聘請專業的醫護人員，維護醫療設備，最終面臨的只能是倒閉。

那既然不事醫院自己出錢，那麼難道是生產醫療藥品和設備的廠商嗎？

不是。

因為他們研發藥品和生產醫療設備也需要花錢。如果免費給醫院提供藥品和設備，他們也會倒閉。所以，他們也不可能承擔醫療保險報銷的費用。

那醫療保險報銷的某一部分費用，究竟是誰替我們支付的呢？

一是我們自己與工作的公司

你如果看過爸爸媽媽每個月的薪資證明就會發現，他們每個月都會繳納健保費。台灣的健保費用是有公式可以計算出來的，一般來說購買保險的保費公式為：投保金額×保險費率，健保的保費公式也差不多，只不過多了「負擔比率」和「眷屬制度」這兩項

來降低民眾負擔。另外就是健保的「投保金額」，不是自己能夠決定的，因為健保費有一套計算公式：

投保金額 $\times$ 保險費率 $\times$ 承擔比率 $\times$（本人＋眷屬人數）

健保投保金額必須看你實際每月薪資落在哪一個投保等級？這就能確定你的每月投保金額是多少。投保金額一定大於或等於每月薪資，除非每月實際薪資大於 175,600 元。健保保險費率則從 110 年 1 月 1 日起，由調整前的 4.69% 調整至 5.17%。

機智問答

健保費計算級距：健保投保金額不是你要繳的錢，只是用來計算保費的項目之一，所以若看到投保金額是好幾萬塊錢，千萬別害怕。而健保投保等級共分為 46 個，再細分成 9 大組別，在越後面的組別內，每個級距的投保金額就差距越大，而投保金額一定會大於等於薪資，舉例來說，每月薪水在 25,251~26,400 元之間的人，每月健保投保金額就會是 26,400 元。

而公務人員、雇主、不同工會成員、義務役軍人等等都有不同的負擔比率，須參照健保署保險費負擔比率表格。最後是眷屬，若被保險人底下掛有眷屬，算出本人的保費後四捨五入，再乘以本人＋眷屬人數。若眷屬人數超過 3 個，以 3 個計算。

　　而你若仔細觀察健保費計算級距，你會發現，為什麼每個組別的級距要越來越大呢？這是因為，薪水越高的人，理當越不在意投保金額的變化。故而對於薪資很低跟很高的人，也有不同規定。雖然有些人可能會覺得有點不平衡，但畢竟是健保，是一種社會福利，政府總是得在平衡各方條件下，避免民怨。

二是我們的國家

　　國家的錢是從哪來的呢？

　　其實主要來自稅收。

　　你可以看看家人的薪資單，裡面有一項是個人所得稅，也就是一個人因為他的勞動、經營和財產所得，而應該給國家繳納的稅金。除了個人繳納所得稅外，政府還會針對企業徵收營業稅、個人綜合所得稅、營

利事業所得稅等；而針對貨物的生產、流通環節徵收增值稅；針對土地房屋買賣徵收契稅；針對進口的產品徵收關稅等。

　　而政府有這麼多可以向人民徵收稅款的地方，那它們一定有很多錢了，把這些錢都用來給老百姓謀福利不好嗎？比如醫療保險全部報銷、老人照護問題全部歸政府管、甚至是從小學到大學的學費全免……，這該有多好呀。

但畢竟理想很美好，但現實總是殘忍的，問題根源即在於，政府徵收稅金，怎麼算都還是錢不夠用……。

想一想，如果全家人的月收入是 10 萬元。一個月飲食花費 1 萬元，交通費 1 萬元，學費 1 萬元，娛樂活動 1 萬元，房屋貸款（或房租）5 萬，水電瓦斯費 5 千元，手機通訊 1 千元，孝親費 1 萬元，其他雜支 5 千元。總計算下來其實每個月都是透支的。若家中父母親屬於高薪階級，收支或許還可以勉強平衡。但一般上班族若想提高自己的生活水準，例如每年出國旅遊，你就會發現這個月的家用竟然花光光，甚至負債。

國家也是如此，也要講究收支平衡。一個國家要花錢的地方很多，比如公路、大橋、捷運、市容綠化等基礎建設都需要花錢；興建學校需要錢；養一支可以保家衛國的軍隊需要錢；鼓勵科研、教育需要錢；雇用維持國家運轉的公務員，向他們支付工資也需要錢；健保、勞保、農保甚至是老人年金等社會保障支援也需要錢……所以如何分配這些錢，也是一門學問。

你也可以想像一下，如果要你來分配這些錢，你

會怎麼分配呢？平均分配？還是全部花掉？不同的分配方式，又能起到什麼作用？

其實，目前我們國家的財政收入還不足以支援健保全額報銷、提供民眾所有藥物都可透過健保支出。那你可能又會問，為什麼國家不想辦法增加收入？

這可是個好問題。

國家怎麼做才能增加收入？

國家主要是靠稅收，其次是靠國債來增加收入。

機智問答

有關「稅」……：全世界每一個國家都需要靠收稅來獲得收益，維持運轉。古代如此，現代亦如此。

不過，古代的稅名和我們現在不一樣，徵收的方式也不同。古代中國是農業社會，人們收了糧食，就要向國家上交一部分，這就是當時的稅。這也體現在漢字「稅」裡。你看「稅」這個字，是禾字旁，就是代表著當時交稅交的是糧食。

先看增加稅收。為了增加社會福利，你打算這麼辦：

一是增加稅收範圍，畢竟徵稅的範圍變大，收入自然變多了。在此之前不用交稅的

企業或個人，未來立法改成徵稅。這樣一來，國家可以收到的稅金收入肯定就會變多了。

二是增加稅收比率。例如本來稅收比率 10% 的，以後都漲到 20%。原來家裡人要交 100 元的稅，現在翻倍，必須交 200 元的稅。這些政策實施後，國家肯定一下子就會變得有錢了。

但這樣真的好嗎？

對中小企業課徵過重的稅金，企業無法經營；農民生活困苦還要多徵收稅負，迫使大家不再務農，導致糧食減產，威脅國家的糧食安全；出版社等相關利潤低的行業沒有退稅機制，使得出版相關企業出現倒閉潮，每年的出書量越來越少；人們的薪水變多，但必須交納的所得稅金也變多，於是，只能減少一部分生活開支，比如不出國旅遊，連帶影響旅遊業的景氣，很多人也因此失業……。

看到這裡，你可能會問，那不徵收自己人的稅，多徵收進口商品的關稅呢？

聽起來好像不錯。但是進口商品關稅增高，那麼進口商品的售價就會變高，人們需要為此支付的金額也會變高，最後波及的還是我們自己。

真要這麼做，那麼既然徵稅過高不好，那不徵稅呢？

不徵稅，又需要錢，那就只能借錢。

國家借錢就需要增發國債。國債也就是國家的債務。這就像我們普通家庭沒有錢卻需要買房子，便不得不向親戚朋友借錢或向銀行貸款一樣，國債是國家向民眾或者向其他國家借的錢。

既然是借的錢，便總有要還的一天。房子只是一次性花銷，買下自住便罷，只要每個月還錢，總有還完的一天。一般房屋還款期限是 30 年。健保可不一樣，健保每年都要支出，畢竟民眾會生病，需要看病維持身體健康，所以這項開銷是永遠不會終止的。所以，靠借錢去支撐健保並非長久之計。遑論國家有很多地方都要用到國債，比如修建大壩、科學研究開發、支

援救災等，這些開銷都不少。因此，從收支角度來看，健保現階段很難做到收支平衡，甚至支撐全額報銷。那以後呢？若國家未來變有錢了呢？

這個問題，我也想留給你們去思考：全額報銷真是好事嗎？

如果因為全額報銷，在醫療資源有限的時候，所有人無論大病小病都跑醫院，是否會造成醫療擠兌呢？醫療擠兌就是醫生、病床、醫療設備不夠用，整個醫院運轉不開。醫院人很多，如果造成醫療擠兌，是否會對生大病、真正需要醫療資源的人造成傷害？

還有，如果全額報銷，所有藥品都改由健保核銷，有些醫生不以治病為本，反是只想開昂貴的藥，那怎麼辦？畢竟這些錢都來自每個人，這樣的改變對所有人是否也是一種傷害呢？

想一想，如果你是政策的制定者，你該如何儘量規避這些問題，並讓醫療保障制度能夠真正惠及更多的人？

少年遊 013

馬小跳財商課 3：生活裡的經濟學

作　　者—楊紅櫻
視覺設計—徐思文
主　　編—林憶純
行銷企劃—蔡雨庭

本作品中文繁體版通過成都天鳶文化傳播有限公司代理，經中南博集天卷文化傳媒有限公司授予時報文化出版企業股份有限公司獨家出版發行，非經書面同意，不得以任何形式，任意重制轉載。

第五編輯部總監—梁芳春
董 事 長—趙政岷
出 版 者—時報文化出版企業股份有限公司
　　　　　108019 台北市和平西路三段 240 號
　　　　　發行專線—（02）2306-6842
　　　　　讀者服務專線— 0800-231-705、（02）2304-7103
　　　　　讀者服務傳真—（02）2304-6858
　　　　　郵撥— 19344724 時報文化出版公司
　　　　　信箱— 10899 臺北華江橋郵局第 99 信箱
時報悅讀網— www.readingtimes.com.tw
電子郵箱— yoho@readingtimes.com.tw
法律顧問—理律法律事務所　陳長文律師、李念祖律師
印　　刷—勁達印刷有限公司
初版一刷— 2023 年 6 月 30 日
定　　價—新台幣 280 元

時報文化出版公司成立於 1975 年，並於 1999 年股票上櫃公開發行，於 2008 年脫離中時集團非屬旺中，以「尊重智慧與創意的文化事業」為信念。

馬小跳財商課 3：生活裡的經濟學 / 楊紅櫻. -- 初版. -- 臺
北市：時報文化出版企業股份有限公司, 2023.06
　　112 面；14.8*21 公分. --（少年遊）
ISBN 978-626-353-797-2（平裝）
1.CST: 理財 2.CST: 兒童教育 3.CST: 通俗作品
　　　563　　　　112006221

ISBN 978-626-353-797-2　　　　Printed in Taiwan